AF391014

NOTICE

DE

LIVRES FRANÇAIS

BIEN CONDITIONNÉS

Dont la vente aura lieu le mardi 30 avril 1872
à sept heures et demie du soir

Rue des Bons-Enfants, 28 (maison Silvestre)

SALLE Nº 2

Par le ministère de Mᵉ DELBERGUE-CORMONT, commissaire-priseur

Rue de Provence, 8

PARIS

ADOLPHE LABITTE, LIBRAIRE

4, RUE DE LILLE, 4.

—

1872

CONDITIONS DE LA VENTE.

Elle sera faite au comptant.

Les adjudicataires payeront 5 pour cent en sus des enchères applicables aux frais.

Paris. — Imprimerie Adolphe Lainé, rue des Saints-Pères, 19.

NOTICE

DE

LIVRES FRANÇAIS

BIEN CONDITIONNÉS.

1. Bergier. Dictionnaire de théologie. *Paris, Jouby,* 1863, 6 vol. in-8, d.-rel. mar.

2. Ph. à Limborch Historia inquisitionis cui subjungitur liber sententiarum inquisitionis Tholosanæ ab anno Christi ciɔccc vii ad annum ciɔccc xxiii. *Amstelod., apud Henricum Westenium* ciɔiɔcxcii pet. in-fol. vélin.

3. Ortolan. Éléments de droit pénal, pénalités, juridictions, procédure; suivant la science rationnelle, la législation positive et la jurisprudence. *Paris, Henri Plon,* 1863, 2 vol. in-8, demi-rel. mar.

4. Mourlon. Répétitions écrites sur les premier, deuxième et troisième examens du Code Napoléon. *Paris,* 1866, 3 vol. gr. in-8, demi-rel. mar.

5. Pouget (Louis). Principes de droit maritime suivant le code de commerce français; analogie avec les lois ou codes étrangers. *Paris, A. Durand,* 1858, 2 vol. in-8, demi-rel. mar.

6. Traité des avaries communes et particulières suivant les diverses législations maritimes, par Ernest Frignet. *Paris,* 1859, 2 vol. in-8, demi-rel. mar.

7. Traité sur les Assurances maritimes, comprenant
la matière des assurances, du contrat à la grosse
et des avaries, par J.-V. Cauvet, avocat. *Paris, A.
Durand,* 1862, 2 vol. in-8, demi-rel. mar. n.

8. Teulet et Camberlin. Journal des Tribunaux de
commerce, contenant toutes les décisions impor-
tantes rendues en matière commerciale par le tri-
bunal de commerce de la Seine, la cour impériale
de Paris, la cour de cassation, et les autres cours
et tribunaux. *Paris,* 1864-68, et tables, — 8 vol.
in-8, demi-rel. chagr. n.

9. Bonamy et autres. Jurisprudence commerciale
et maritime de Nantes. Revue mensuelle. *Nantes,*
1859-69, 11 vol. in-8, d.-rel. mar.

10. Caumont (Aldrick). Dictionnaire universel du
droit commercial maritime, ou Répertoire métho-
dique et alphabétique de législation, doctrine et
jurisprudence nautiques, avec sommaires et tables. *Havre,* 1857, 2 vol. gr. in-8, demi-rel. mar.
br.

11. L. Annæi Senecæ philosophi Opera quæ exstant
omnia a Justo Lipsio emendata et scholiis illus-
trata. *Antuerpiæ, ex officina Plantiniana,* MDCXXXII
in-fol. v.

12. Auguste Comte. Cours de philosophie positive,
par Aug. Comte; 2ᵉ édition, augmentée d'une préface par E. Littré et d'une table alphabétique des
matières. *Paris, J. Baillière et fils,* 1864, 6 vol.
in-8, demi-rel. mar.

13. Littré et Wyrouboff. La Philosophie positive.
Revue. *Paris, Germer-Baillière,* 1867-70, 6 vol.
in-8, demi-rel. mar.

14. Auguste Comte et la philosophie naturelle, par
E. Littré. *Paris,* 1864, in-8, demi-rel. mar.

15. Block (Maurice). Dictionnaire général de la Poli-
tique, par M. Maurice Block, avec la collaboration
d'hommes d'État, de publicistes et d'écrivains de

tous les pays. *Paris, O. Lorenz,* 1863, 2 vol. gr. in-8, demi-rel. mar.

16. Dictionnaire universel, théorique et pratique, du commerce et de la navigation. *Paris, Guillaumin,* 1859, 2 vol. gr. in-8, demi-rel.

17. J. Bertrand. Traité de calcul différentiel et de calcul intégral, par J. Bertrand, membre de l'Institut, professeur à l'Ecole impériale polytechnique et au Collége de France. *Paris, Gauthier-Villars,* 1864, in-4, demi-rel. mar.

18. Serret (J.-A.). Cours de calcul différentiel et intégral. *Paris, Gauthier-Villars,* 1868, 2 vol. in-8, demi-rel. mar.

19. Sonnet. Dictionnaire des mathématiques appliquées. *Paris, L. Hachette et Cie,* 1867, gr. in-8, demi-rel. mar.

20. Traité d'algèbre, par Joseph Bertrand, membre de l'Institut; 5e édition, revue par Joseph Bertrand et par Henri Garcet. *Paris, Hachette,* 1867, 2 vol. in-8, demi-rel. mar.

21. Vial du Clairbois. Traité élémentaire de la construction des bâtiments de mer, à l'usage des élèves du génie maritime. *Paris, an* XIII (1805), 2 vol. in-4, demi-rel. mar. figures.

22. L. Schrön. Tables de logarithmes. *Paris, Gauthier-Villars,* 1866, gr. in-8 jésus, demi-rel.

23. Callet (François). Tables de logarithmes. *Paris, Firmin Didot,* 1862, in-8, demi-rel. mar.

24. Guide du marin ; résumé des connaissances les plus utiles aux marins, par messieurs de Kerhallet, Boutroux, Terquem et Ch. Laboulaye. *Paris, Eugène Lacroix,* 1863, 2 vol. in-8, demi-rel. mar. fig.

25. Burn. A Naval and military technical Dictionary of the french language in two parts french

english and english-french, with explanation of the various terms. *London*, 1863, in-8 cartonné.

26. Jamin. Cours de physique de l'École polytechnique, par M. M.-J. Jamin. *Paris, Mallet-Bachelier*, 1863, 3 vol. in-8, demi-rel. mar.

27. Girardin (J.). Leçons de chimie élémentaire appliquée aux arts industriels. *Paris, Victor Masson*, 1861, 2 vol. in-8, demi-rel. fig.

28. A. Cahours. Traité de Chimie générale élémentaire (2ᵉ édition). *Paris, Mallet-Bachelier*, 1866, 2 vol. in-12, demi-rel. mar.

29. Wurtz. Dictionnaire de chimie pure et appliquée. *Paris, L. Hachette*, 1868, in-8 en 10 livraisons.

30. Dictionnaire de médecine, de chirurgie, de pharmacie, des sciences accessoires et de l'art vétérinaire, d'après le plan suivi par Nysten. 12ᵉ édition, entièrement refondue par E. Littré et Ch. Robin. *Paris, J.-B. Baillière*, 1864, gr. in-8, demi-rel. mar.

31. Petit Atlas complet d'anatomie descriptive du corps humain, par J.-N. Massé ; 5ᵉ édition, augmentée des tableaux synoptiques d'anatomie descriptive du même auteur. *Paris*, 1864, in-12, demi-rel. mar.

32. Ch. Laboulaye. Dictionnaire des arts et manufactures, de l'agriculture, des mines, etc.; description des procédés de l'industrie française et étrangère. 3ᵉ édition, avec complément. *Paris, Eugène Lacroix*, 1867, 2 vol. gr. in-8, demi-rel. mar. et le compl. en 10 livraisons.

33. Le Palamède français. *Paris, s. d.*, gr. in-8, demi-rel. mar. — Stratégie raisonnée des ouvertures du jeu d'échecs. *Paris*, 1862, in-8, demi-rel. — De Basterot. Traité du jeu d'échecs, 1863, in-8, demi-rel.

34. Mendel. Musikalischer Conversation-Lexikon;
Berlin, 1869, 10 livraisons in-8, br.

35. Estienne (Robert). Dictionarium seu latinæ lin-
guæ thesaurus. Editio secunda. *Parisiis*, MDXLIII,
3 vol. in-fol. vélin.

36. Dictionnaire universel françois et latin, vulgai-
rement appelé Dictionnaire de Trévoux. *A Paris,
par la Cie des libraires associés*, MDCCLXXI, 8 vol.
in-fol. v. m.

37. Histoire de la Langue française : Etudes sur
les origines, l'étymologie, la grammaire, les dia-
lectes, la versification et les lettres au moyen âge,
par E. Littré. *Paris, Didier et Cie*, 1863, 2 vol.
in-8, demi-rel. mar.

38. Brachet (Auguste). Grammaire historique de la
langue française. *Paris,* 1867, in-12, demi-rel.

39. Dupinay de Vorrepierre. Dictionnaire français
illustré et encyclopédie universelle, ouvrage qui
peut tenir lieu de tous les vocabulaires et de toutes les encyclopédies. *Paris, Michel Lévy frères,*
1856 à 1864, 2 vol. gr. in-4, demi-rel. mar. figures dans le texte.

40. A. Spiers. Dictionnaire général français-an-
glais et anglais-français. *Paris, Baudry,* 1859,
2 vol. gr. in-8, cart.

41. Saint-Hilaire Blanc. Novísimo Diccionario
francés-español y español-francés, con la pro-
nunciacion figurada en ambas languas. *Paris et
Lyon,* MDCCCLX, 2 vol. gr. in-8, demi-rel. mar.

42. Schuster et Regnier. Nouveau Dictionnaire alle-
mand-français et français-allemand. *Paris, s. d.,*
2 vol. gr. in-8, cart.

43. Mozin. Dictionnaire complet des langues française et allemande, résumé des meilleurs ouvrages anciens et modernes sur les sciences, les lettres et les arts, avec le concours de M. Guizot

pour les synonymes ; 4e édition, augmentée d'un
supplément pour la partie franç.-allem. *Stuttgart,
Gotha*, 5 vol. in-4, demi-rel.

44. Sergent et Stambio. Grand Dictionnaire fran-
çais-italien et italien-français, rédigé sur les dic-
tionnaires de l'Académie française et de la Crusca,
et sur les ouvrages des meilleurs lexicographes
modernes. *Milan, s. d.*, 2 tom. en 1 vol. gr. in-4,
demi-rel. mar.

45. M. Tullii Ciceronis Opera, cum indicibus et
variis lectionibus. *Oxonii, e typographeo Claren-
doniano*, MDCC LXXX III, 10 vol. in-4, v.

46. Essai bibliographique sur Cicéron, par P. Des-
champs, avec une préface par Jules Janin. *Paris,
L. Potier*, 1863, in-8, demi-rel.

47. Clément et Larousse. Dictionnaire lyrique, ou
histoire des opéras, contenant l'analyse et la no-
menclature de tous les opéras et opéras-comiques
représentés en France et à l'étranger depuis l'o-
rigine de ce genre d'ouvrage jusqu'à nos jours.
Paris, s. d., in-8, demi-rel.

48. Opuscules de Gabriel Peignot, extraits de di-
vers journaux, revues, recueils littéraires, etc...,
dont il n'a été fait aucun tirage à part, avec une in-
troduction par Ph. Milsand. *Paris*, 1863, in-8,
demi-rel. mar.

49. Catalogue de l'abbaye de St-Victor au xvie siè-
cle, rédigé par F. Rabelais et commenté par le
bibliophile Jacob. *Paris, J. Techener*, 1862, in-8,
demi-rel. mar.

50. Revue critique d'histoire et de littérature, publiée
sous la direction de MM. P. Meyer, Morel, G.
Paris et Zotemberg. *Paris*, 1866-70, 9 vol. in-8,
demi-rel. mar.

51. Bescherelle. Grand Dictionnaire de géographie universelle. *Paris, s. d.,* 2 vol. gr. in-4, demi-rel. mar.

52. Atlas universel, composé par H. Dufour. *Paris, le Chevalier, s. d.,* gr. in-fol demi-rel. mar.

53. Ritter. Geogr.-statisticher Lexikon. *Leipzig,* 1864, 2 vol. gr. in-8, demi-rel. mar.

54. Dictionnaire de biographie, mythologie, géographie anciennes, pour servir à l'intelligence des auteurs grecs, accompagné de près de 1000 gravures d'après l'antique, traduit en partie de l'ouvrage anglais du docteur Smith et considérablement augmenté par M. N. Theil. *Paris,* 1865, in-12, demi-rel. mar.

55. Études sur les barbares et le moyen âge, par E. Littré. *Paris,* 1867, in-8, demi-rel. mar.

56. Hume et Smollet's History of England from the invasion of Julius Cesar to the death of Georges III with a continuation to the reign of William IV (1835), by the rev. T. S. Hughes. *Paris, Galignani,* 1837, gr. in-4, cart.

57. L. Moréri. Le Grand Dictionnaire historique, avec les suppléments de l'abbé Goujet, et augmenté par Drouet. *Paris,* 1759, 10 vol. in-fol. v. (*Armes.*)

58. Nouveau Traité de blason ou science des armoiries, mise à la portée des gens du monde et des artistes, d'après le P. Menestrier, d'Hozier, Segoing, Palliot, etc, par Victor Bouton; 460 blasons, 800 noms de familles. *Paris, Garnier,* 1863, in-8, demi-rel. mar.

59. L'Intermédiaire des chercheurs et curieux (Notes and queries français), questions et réponses, communications diverses à l'usage de tous littérateurs et gens du monde, artistes, bibliophiles, archéologues, généalogistes, etc... *Années* 1864, 1869, 5 vol. in-8, demi-rel.

60. Histoire de l'imprimerie et des arts et professions qui se rattachent à la typographie, calligraphie, enluminure, parcheminerie, librairie, gravure sur bois et sur métal, fonderie, papeterie et reliure, comprenant l'histoire des anciennes corporations et confréries, par Paul Lacroix (bibliophile Jacob), Edouard Fournier et Ferdinand Séré. *Paris, s. d.*, gr. in-8, demi-rel. fig.

61. Brunet. Manuel du libraire et de l'amateur de livres. *Paris, Firmin Didot frères,* 1860, 1865, 6 vol. gr. in-8, demi-rel. mar.

62. E. Werdet. Histoire du livre en France, depuis les temps les plus reculés jusqu'en 1789. *Paris, Dentu,* 1861, 5 vol. in-12, demi-rel. mar.

63. Manuel du Bibliophile, ou traité du choix des livres, par Gabriel Peignot. *A Dijon, chez Victor Lagier*, MDCCCXXIII, 2 vol. in-8, demi-rel. mar.

64. Bulletin du bibliophile et du bibliothécaire, revue mensuelle publiée par L. Techener. *Paris,* 1861-1868, 8 années en demi-rel. mar.

65. Lacroix (Paul), bibliophile Jacob. Bibliothèque de la reine Marie-Antoinette au petit Trianon, d'après l'inventaire original dressé par ordre de la Convention. *Paris, Jules Gay,* 1863, in-18, br.

66. Lacour (Louis). Livres du boudoir de la reine Marie-Antoinette; catalogue authentique et original publié pour la première fois avec préface et notes, par L. Lacour. *Paris, Jules Gay,* MDCCCLXII, in-18, br.

67. Catalogues de ventes de livres. — 40 vol. in-8, demi-rel. (*sans prix.*)

68. Sous ce numéro, il sera vendu environ 200 volumes et brochures en lots.

---

69. La Bible, qui est toute la sainte Écriture, en laquelle sont contenus le Vieux Testament et le Nou-

veau. *S. l.*, 1554, pet. in-8, v. à compart. tr. dor. (*Le titre coupé.*)

70. L'Office de la Semaine sainte, selon le Missel et Bréviaire romain, imprimé par le commandement de Pie V. *Paris, A. Soubron*, 1659, in–8, m. r. tr. dor. *Armoiries.*

71. L'Atto pubblico di Fede, celebrato nella città di Palermo, 1724, in-fol. vélin, fig. (Taché et racc.)

72. Mélanges publiés par la Société des bibliophiles français. — Credo du sire de Joinville. — *Paris, Didot*, 1837, in-4, br. gothique.

Exemplaire sur papier vert.

73. Les Dix Livres d'architecture de Vitruve, trad. par Perrault. *Paris, J.-B. Coignard*, 1684, in-fol. fig.

74. Les Anciens Poètes de la France. *Paris, Franck*, 1861, 9 vol. gr. in-18, cartonnés.

75. Poésies de Clotilde de Surville, publiées par Ch. Vanderbourg. *Paris, Nepveu*, 1824. — Poésies inédites, publiées par M. de Roujoux et Ch. Nodier. *Paris, Nepveu*, 1827. — Ensemble 2 vol. in-8, grand papier, cartonnés, figures à part, dans un étui.

76. La Guerre et le débat entre la langue, les membres et le ventre, etc. *Paris*, 1835, in-4, demi-rel. fig.

Réimpression gothique.

77. Terentius. *Parisiis, Rob. Stephanus*, 1540, in-24, mar. compart. tr. dor.

78. Polyeucte, martyr, tragédie (par Corneille). *Paris, A. de Sommaville*, 1643, pet. in-4, fig. vél.

Édition originale. Exemplaire taché et piqué.

79. Comedia facetissima intitolata Mandragola. *Stampata in Roma*, 1525, in-16, vélin.

Édition très-rare; à la suite de la *Mandragola* se trouve la *Cassaria* de l'Arioste.

80. Li Romans de Berthe aux grans piés, précédé
d'une dissertation sur les Romans des douze pairs
par M. Paulin Paris. *Paris, Techener*, 1836, in-8,
demi-rel.

81. Trésor des pièces rares ou inédites. *Paris, Au-
bry*, 1856, 4 vol. in-12, toile.

La Journée des madrigaux. — Églises et monastères. — Jeanne d'Arc. —
La Ruelle mal assortie.

82. Statistiques de la France. — 25 vol. in-4, br.

83. Enquêtes diverses sur le commerce et les finan-
ces. — 30 vol. in-4, br.

84. Collection des Documents sur l'histoire de
France. — 40 vol. in-4, cartonnés.

85. L'Histoire de Geoffroy de Villehardouyn, ma-
reschal de Champagne, avec une version par
Blaise de Vigenère. *Paris, Abel l'Angelier*, 1585,
in-4, vélin.

86. Le Tocsin contre les massacreurs et auteurs
des confusions en France. *Reims*, 1577, pet.
in-8, mar. r. (*Anc. rel.*)

87. Édit du roi sur la pacification des troubles de
ce royaume. *Paris, F. Morel*, 1576. — Bref de
N.-S. Père le Pape Grégoire XIIII envoyé à Monseigneur l'évêque de Plaisance. *Paris, Nivelle*,
1591. — La Nouvelle Défaicte des reistres faicte
par Monseigneur le duc de Guyse, 1587. — 5
part. en 2 vol. pet. in-8, demi-rel.

88. La Statue équestre de Louis le Grand placée
dans le temple de la gloire. *Paris, veuve Vaugnan*,
1699, in-4 cart. fig. — L'Ordre de la marche pour
la publication de la paix qui se fera le lundi
1er juin 1739. *Paris, Lemercier*, 1739, pet. in-4,
cart. fig.

89. Calendrier de la cour. *Paris*, 1778, in-24, etc.
— 3 vol. mar. tr. dor. fig.

90. Sacre et Couronnement de Louis XVI, roi de France, à Rheims, le 11 juin 1775. *Paris*, 1775, in-8, m. r. *figures*.

Bel exemplaire aux armes.

91. Affiches de 1790-1793. — 1 liasse in-fol.

92. JOURNAL DE MARAT. — Journal de la République française et le Publiciste, numéros 1 à 216. — L'Ami du peuple, 1 à 526. — 6 vol. in-8, cart. non rog.

Très-rare.

93. Procès de la Chambre des pairs. — 20 liasses in-4.

94. Comptes rendus des séances de l'Assemblée législative, 1850. — 30 vol. in-4, br.

95. Assemblées provinciales de Haute-Guienne, de Rouen, de Mayenne, Normandie. — 5 vol. in-4, cartonnés.

96. Dictionnaire topogr. des départements. — *Paris, Impr. nationale*, 8 vol. in-4, br.

97. La Connestablie et Mareschaussée de France, ou recueil de tous les édits, déclarations, etc., par J. Pinson de la Martinière. *Paris, G. Rocolet*, 1661, gr. in-fol. mar. r. t. d.

98. NOBILIAIRE de la province de Dauphiné, par Nicolas Chorier. *Grenoble, F. Champ*, 1697, 4 vol. in-12, v.

99. Le Recueil des armes de plusieurs nobles maisons et familles, tant ecclésiastiques, princes, ducs, etc., etc., 209 pl. gr. *Paris, C. Magneney*, *s. d.*, pet. in-fol. v.

100. Histoire de la Maison de Montmorency (par André Duchesne). *S. l. n. d.*, in-fol. bas.

Il manque les premiers feuillets.

101. Monnaies des comtes de Provence. *Aix, A. Henricy, an* ix, in-4, br. avec planches.

102. La Conquista del reyno de Navarra, hecha por Luys Cosrea. *Toledo*, 1503, in-fol. vélin.

103. Solemnia electionis Leopoldi imperatoris. *Francof.*, 1660, in-fol. v. *figures*.

104. Recherches curieuses d'antiquité contenues en plusieurs dissertations sur des médailles, bas-reliefs, etc., par Spon. *Lyon, T. Amaulry*, 1683, in-4, v. fig.

105. Baron de Girardot. — OEuvres. — 11 vol. et br. in-4 et in-8.

Ce lot pourra être divisé.

---

106. Traité élémentaire de chimie médicale, par Ad. Wurtz. *Paris, V. Masson,* 1864, 2 vol. in-8, brochés.

107. Traité de chimie minérale, végétale et animale, par J.-J. Berzelius. *Paris, Didot,* 1845-50, 6 vol. in-8, brochés.

108. Traité de chimie organique, par Ch. Gerhardet. *Paris, Didot,* 1862, 4 vol. in-8, brochés.

109. Le Silphium, par Félix Déniau. *Paris,* 1868, in-8, broché. — Le Silphium, thèse sontenue à l'école supérieure de pharmacie de Paris, par F. Déniau. *Paris, Thunot,* 1868, in-4, broché. — De l'Administration de l'argent à l'intérieur, considérée au point de vue pharmaceutique, par F. Déniau, *s. d.*, brochure in-8.

110. OEuvres d'Alfred de Musset. *Paris, Charpentier,* 9 vol. in-12, brochés.

111. OEuvres de Victor Hugo. *Paris, veuve Houssiaux,* 1864, 18 vol. in-8, brochés avec fig. — La Légende des siècles, par Victor Hugo. *Paris, Hetzel,* 1862, 2 vol. in-8, brochés avec une photographie de l'auteur.

112. Géographie universelle de Malte-Brun, entièrement refondue et mise au courant de la science
par Th. Lavallée. *Paris, Furne*, 1865, 6 vol. gr.
in-8 brochés, avec fig. sur acier et atlas.

113. Sous ce numéro, il sera vendu quelques lots
de bons livres.

---

114. Glossaire du centre de la France, par le comte
Jaubert. *Paris*, 1865, in-4, br. (*Avec le supplément.*)

115. Histoire de France, pièces diverses, in-fol., *ma-
nuscrit* de 368 pages.

Ce volume contient : Discours de M. de la Châtre. — Mémoires de M. de
la Rochefoucauld. — Guerre de Guienne. — Apologie de M. de Beaufort.

116. Pamphlets révolutionnaires. — Confesssion
générale du comte d'Artois.—Vie privée de l'abbé
Maury. — Liste des c. aristocr. qui ont été
fouettés. — Testament de Mme de Polignac. —
Essais sur la vie de Marie-Antoinette. — Les Imi-
tateurs de Charles IX. 6 pamphlets in-8, br.

117. Juridiction des consuls de la ville de Paris.
Paris, 1705, in-4, mar. r. (*Anc. rel. fleurdelisée.*)

118. ANNALES ET CHRONIQUES D'ANJOU. *Imprimées
à Paris, par Antoine Couteau*, 1529, in-fol. goth.
vélin.

119. L'Histoire de Bretagne, par Bertrand d'Argen-
tré. *Paris, Cl. de la Tour*, 1611, in-fol. v. br.

FIN.

www.ingramcontent.com/pod-product-compliance
Lightning Source LLC
LaVergne TN
LVHW010253210726
843508LV00019B/1310